यात्रा सिंधिया घाट से ग्वालियर घाट तक

(काशी के घाटों का एक झलक)

डॉ. जगदीश पिल्लई

|| श्री काशी विश्वनाथ को समर्पित ||

क्रम-सूची

प्रार्थना - विश्वनाथष्टकम   vii

लेखक का परिचय   ix

आमुख   xv

खण्ड 1

1. सिंधिया घाट   3

खण्ड 2

2. संकठा घाट   7

खण्ड 3

3. गंगामहल घाट (द्वितीय)   11

खण्ड 4

4. भोसला घाट   15

खण्ड 5

5. अगनीश्वर घाट   19

खण्ड 6

6. गणेश घाट   23

खण्ड 7

7. मेहता घाट   27

खण्ड 8

8. रामघाट   31

खण्ड 9

9. जटार घाट   35

खण्ड 10

क्रम-सूची

10. ग्वालियर घाट   39

संपर्क सूत्र   43

प्रार्थना - विश्वनाथष्टकम

गङ्गातरङ्ग रमणीय जटाकलापं
गौरीनिरन्तरविभूषितवामभागम् ।
नारायणप्रियमनङ्गमदापहारं
वाराणसीपुरपतिं भज विश्वनाथम् ॥ १ ॥

वाचामगोचरमनेकगुणस्वरूपं
प्वारार्गीथिनाशविष्णुसुरसेवितपादपीठम् ।
वामेन विग्रहवरेण कलत्रवन्तं
वाराणसीपुरपतिं भज विश्वनाथम् ॥ २ ॥

भूताधिपं भुजगभूषणभूषिताङ्गं
व्याघ्राजिनाम्बरधरं जटिलं त्रिनेत्रम् ।
पाशाङ्कुशाभयवरप्रदशूलपाणिं
वाराणसीपुरपतिं भज विश्वनाथम् ॥ ३ ॥

शीतांशुशोभितकिरीटविराजमानं
भालेक्षणानलविशोषितपञ्चबाणम् ।
नागाधिपारचितभासुरकर्णपूरं
वाराणसीपुरपतिं भज विश्वनाथम् ॥ ४ ॥

पञ्चाननं दुरितमत्तमतङ्गजानां
नागान्तकं दनुजपुङ्गवपन्नगानाम् ।
दावानलं मरणशोकजराटवीनां
वाराणसीपुरपतिं भज विश्वनाथम् ॥ ५ ॥

तेजोमयं सगुणनिर्गुणमद्वितीयं
आनन्दकन्दमपराजितमप्रमेयम् ।

नागात्मकं सकलनिष्कलमात्मरूपं
वाराणसीपुरपतिं भज विश्वनाथम् ॥ ६ ॥

आशां विहाय परिहृत्य परस्य निन्दां
पापे रतिं च सुनिवार्य मनः समाधौ ।
आदाय हृत्कमलमध्यगतं परेशं
वाराणसीपुरपतिं भज विश्वनाथम् ॥ ७ ॥

रागादिदोषरहितं स्वजनानुरागं
वैराग्यशान्तिनिलयं गिरिजासहायम् ।
माधुर्यधैर्यसुभगं गरलाभिरामं
वाराणसीपुरपतिं भज विश्वनाथम् ॥ ८ ॥

वाराणसीपुरपतेः स्तवनं शिवस्य
व्याख्यातमष्टकमिदं पठते मनुष्यः ।
विद्यां श्रियं विपुलसौख्यमनन्तकीर्तिं
सम्प्राप्य देहविलये लभते च मोक्षम् ॥ ९ ॥

इति श्रीव्यासकृतम् विश्वनाथष्टकम पूर्ण ॥

लेखक का परिचय

डॉ. जगदीश पिल्लई एक उत्साही पाठक, लेखक और सच्चे शोध विद्वान है जिनका का जन्म भगवान शिव के नगरी वाराणसी में हुआ था। वह वैदिक विज्ञान में पी.एच.डी. किया हुआ है| वह जन्मजात गुणों, रचनात्मक विचारों और कई उल्लेखनीय उपलब्धियों के साथ एक बहुआयामी पॉलीमैथ है। यद्यपि उनकी जड़ें "गॉड्स ओन कंट्री" (केरल) तक फैली हुई हैं| वाराणसी के निवासी उन पर गर्व महसूस करते हैं और उन्हें वाराणसी के एक बच्चे के रूप में मानते हैं जो बिना किसी अपेक्षा के हर व्यक्ति की जरूरत को पूरा करता है। उनकी प्रोफाइल के गहन अध्ययन से पता चलता है कि उन्होंने कामयाबी के कई सारे पंख जोड़े हैं जो उन्हें काफी अनोखा बनाते हैं। वह निम्नलिखित विषयों में चार बार गिनीज बुक ऑफ वर्ल्ड रिकॉर्ड धारक हैं:

(1) "स्क्रिप्ट टू स्क्रीन" जो उन्होंने कनाडा के लोगों द्वारा पहले के सेट रिकॉर्ड को तोड़कर कम से कम समय के भीतर कला एनीमेशन फिल्म का निर्माण और निर्देशन करके हासिल की। उनके नाम पर कई राष्ट्रीय और अंतर्राष्ट्रीय पुरस्कार और सम्मान भी हैं।

(2) पोस्ट कार्ड की सबसे लंबी लाइन जो उन्होंने 16300 पोस्ट कार्डों द्वारा भारतीय डाक दिवस के 163 साल के अवसर पर की है। यह कार्यक्रम भारतीय ध्वज के बारे में एक प्रश्नावली से भी जुड़ा था।

(3) सबसे बड़ा पोस्टर जागरूकता अभियान - यह "बेटी बचाओ - बेटी पढाओ" विषय पर जागरूकता अभियान तैयार करके प्राप्त किया गया था।

(4) सबसे बड़ा लिफाफा - प्रधानमंत्री की पहल 'मेक इन इंडिया' को श्रद्धांजलि के लिए - उन्होंने रद्दी कागजों का उपयोग करके लगभग

4000 वर्ग मीटर का लिफाफा बनाया है।

(5) भारत के सत्तरवें स्वतंत्रता दिवस को मनाने के लिए 210 किलो के केक पर 70000 मोमबत्तियां जलाकर वर्ल्ड रिकॉर्ड्स इंडिया में दर्ज अपना नाम दर्ज किया|

(6) सारनाथ के धमेक स्तूप पर 17 भाषाओं में डबिंग करके एक वृत चित्र बनाया है जिसका परिणाम गिनीज वर्ल्ड रिकॉर्ड्स से प्रतीक्षारत है|
वे गीता शिक्षण में बहुमुखी प्रतिभा के धनी हैं। युवा पीढ़ी उनके गीता शिक्षण से प्रेरित है और उन्होंने अपने निरंतर प्रेरक, प्रोत्साहन और शिक्षाओं के माध्यम से कई युवाओं के जीवन को बदल दिया है।

उन्होंने गायत्री मंत्र को 1000 अलग-अलग धुनों में गाया है।

उन्होंने 108 अलग-अलग धुनों में हनुमान चालीसा को गाया है।

उन्होंने सैकड़ों संस्कृत भजन, देशभक्ति गीत आदि की रचना और गायन किया है।

उन्होंने कई सरकारी जागरूकता अभियानों के लिए कई लघु फिल्मों और वृत्तचित्रों का लेखन और निर्देशन किया है।

उन्होंने वीडियो और फोटोग्राफी के माध्यम से विभिन्न मुद्दों पर जागरूकता अभियान फैलाने के लिए यूपी पुलिस और केरल पुलिस को स्वैच्छिक सेवाएं दी हैं।

वह भारतीय संस्कृति, भारतीय मंदिरों और असाधारण लोगों के जीवन पर हजारों किताबें लिखने की राह पर हैं।

यह विश्वास करना कठिन है कि उन्होंने एक विशेष शहर (वाराणसी) पर

100 से अधिक वृत्तचित्रों का निर्माण और निर्देशन किया है, जो अकेले एक व्यक्ति द्वारा किया गया है।

उन्होंने 25 से अधिक लड़कों और लड़कियों को विभिन्न रचनात्मक और अभिनव तरीकों के माध्यम से विश्व रिकॉर्ड हासिल करने में मदद और मार्गदर्शन किया है।

एक बहुमुखी व्यक्ति जो ईश्वर प्रदत्त आशीर्वाद का उपयोग करके अपनी बुद्धि का सबसे अच्छा उपयोग करता रहता है| इसलिए वह कई चीजों को सीखने, अनुभव करने और प्रयोग करने और भेदभाव और असमानताओं की इस दुनिया में चमत्कार करने की अपार क्षमता प्रदान करता है| .

वह एक ही समय में एक शिक्षक और एक छात्र है जो हमेशा हर दिन सीखता है और हर दिन किसी न किसी को कुछ न कुछ पढ़ाता है। एक मास्टर के तौर पर उनकी कमजोरी यह थी कि वह कभी किसी खास विषय पर नहीं टिकते। शायद यही कमजोरी उसे किसी भी क्षेत्र में महारत हासिल करने की ताकत देती है।

उनका प्रत्येक दिन एक नया विषय सीखने के साथ शुरू होता है और वह अपना अधिकांश समय प्रयोग और शोध करने में व्यतीत करते हैं।

वह एक निस्वार्थ सामाजिक कार्यकर्ता और एक प्रेरक वक्ता भी हैं।

उनका जीवन भी संघर्ष, उतार-चढ़ाव और असफलताओं से भरा रहा है। लेकिन उन्होंने कभी हार नहीं मानी और आत्मविश्वास से भरे अपने सभी परीक्षणों और क्लेशों का सामना किया। आज वह एक सफल युवक है जिसके पास बहुत जोश और समृद्ध जीवन का अनुभव है।

उन्होंने अपनी ही धुन से पूर्ण रामचरित मानस 51 घंटे का ऑडियो

गाया है। उन्होंने पूरी भगवद-गीता को भी अपनी धुन में एक लयबद्ध पृष्ठभूमि के साथ गाया है।

उन्होंने 50 अलग-अलग भाषाओं में "लोका: समस्ता: सुखिनो भवन्तु" भी गाया है।

वर्तमान में वेद, उपनिषद, पुराण, भगवद गीता आदि पर विस्तृत और वैज्ञानिक अध्ययन पर काम कर रहे हैं।

वर्तमान में, वह 'यूरेशिया डिजिटल यूनिवर्सिटी' के मानद चांसलर हैं।

पुरस्कार

चार बार गिनीज वर्ल्ड रिकॉर्ड्स में नाम दर्ज।

महात्मा गांधी विश्व शांति पुरस्कार के विजेता।

महात्मा गांधी वैश्विक शांति राजदूत।

काशी रत्न पुरस्कार।

डॉ० ए०पी०जे० अब्दुल कलाम मोटिवेशनल पर्सन ऑफ द ईयर 2017।

मदर टेरेसा पुरस्कार।

इंदिरा गांधी प्रियदर्शिनी पुरस्कार।

भारत विकास रत्न पुरस्कार।

उद्योग रत्न पुरस्कार।

विज्ञान प्रसार पुरस्कार।

पूर्वांचल रत्न पुरस्कार।

डॉ. जगदीश पिल्लई वैदिक साइंस, भगवद्गीता आदि के टीचर है। उसके आलावा लेखक, गायक, फिल्म मेकर, जेमोलोजिस्ट, आस्ट्रो-वास्तु कंसलटेंट, वर्ल्ड रिकॉर्ड कंसलटेंट, प्राणिक हीलर, स्पिरिचुअल काउंसलर, टैरो कार्ड रीडर आदि विषयों में भी महारत हासिल है।

आप आल इंडिया मलयाली एसोसिएशन उत्तर प्रदेश के चेयरमैन है एवं भारतीय मानवाधिकार एसोसिएशन के 'संस्कृति एवं संस्कार' का राष्ट्रीय सचिव भी है।

आमुख

कई साल पहले जब जीवन का कुछ मुश्किल समय चल रहा था और उस समय को किसी तरह बिताने के लिए काशी के गंगा किनारे की घाटों में घूमने जाते थे| असी घाट से राज घाट यूं ही पैदल चला करता था| कुछ दिन चलने के बाद एक दिन मन में आया कि सीधे गंगा किनारे से चलने से अच्छा है कि हर घाटों के पीछे जो गलीयां है उस गलियों से भी घूमा जाए| वो मेरा सही निर्णय था क्यों की असली में हर एक घाट के पीछे क्या क्या कहानी है, कौन कौन से मंदिर है और ऐसे कई रहस्य चीज़ों की जानकारी मिलने लगी| फिर मैंने एक दिन एक हैंडीकाम लेकर हर घाट एवं घाट के पीछे के इमारतें मंदिर आदि भी देखने एवं शूट करने लगे| हर घाट के स्थानीय लोगों से उस घाट के बारे में पूछने एवं नोट करने लगे| एक अंकल जी ने मुझे सारे घाटों की इतिहास पर एक बहुत पुरानी किताब भी दिया|

कई महीने बाद मन में आया कि हर एक घाट के ऊपर एक एक वृत्तचित्र बनाते हैं और हम उसकी तैयारी में लगे| शायद एक शहर के किसी एक विषय के ऊपर इतनी वृत्तचित्र दुनिया में पहली बार बनता और गिनीज़ वर्ल्ड रिकॉर्ड में आने की सम्भावना है| उसी के लिए लिखे हुए स्क्रिप्ट को ही दुनिया के लिए और आने वाले सहलानियों के लिए किताब के सीरीज़ रूप में प्रकाशित करने की सोचा जो इस पुस्तक के रूप में आज प्रकाशित हुआ है|

वाराणसी शहर के गंगा किनारे लगभग सौ घाट हैं। इनमें से सबसे प्रसिद्ध और सबसे पुराने घाट दशाश्वमेघ, मणिकर्णिका और हरिश्चंद्र घाट हैं। वहाँ के कुछ घाट हिन्दू शासकों जैसे मालवा क्षेत्र की अहिल्या बाई होल्कर, ग्वालियर के पेशवा, आमेर के मान सिंह, जयपुर के जय सिंह आदि द्वारा बनवाए गए हैं। बनारस की कुछ प्रसिद्ध हस्तियों ने घाटों का नाम अपने नाम पर रखा है। मुंशी घाट का नाम हिंदी कवि मुंशी

प्रेमचंद के नाम से है, तुलसी घाट हिंदू कवि तुलसीदास जी के बाद दिया गया है जिन्होंने रामचरितमानस लिखा है।

अधिकांश घाट मराठा काल में बने थे। मराठा, होल्कर, भोंसले, शिंदे (सिंधिया) और पेशवे (पेशवा) वर्तमान वाराणसी के संरक्षक के रूप में रहे हैं। वाराणसी में सुबह की नाव की सवारी पर्यटकों के आकर्षण के रूप में दुनिया भर में प्रसिद्ध है। यदि आप काशी में एक पर्यटक के रूप में आते हैं तो घाटों के पार गंगा पर नाव में सवार होकर एक छोर से दूसरी छोर तक जाना एक महान स्मृति बनकर जीवन भर मैन में रह सकते हैं|

अधिकांश घाट स्नान एवं पूजा आयोजन के लिए प्रसिद्ध है, जबकि दो घाट विशेष रूप से श्मशान स्थलों के रूप में उपयोग किए जाते हैं जैसे हरिश्चंद्र घाट एवं मणिकर्णिका घाट।

अधिकांश वाराणसी घाटों का पुनर्निर्माण 1700 ईस्वी के बाद किया गया था, जब शहर मराठा साम्राज्य का हिस्सा था। वर्तमान घाटों के संरक्षक मराठा, शिंदे (सिंधिया), होल्कर, भोंसले और पेशवे (पेशवा) हैं। कई घाट पौराणिक कथाओं से जुड़े हैं जबकि कई घाट निजी स्वामित्व में हैं। घाटों के पार गंगा पर सुबह की नाव की सवारी एक लोकप्रिय आगंतुक आकर्षण है।

गंगा हमारे बहुत से पवित्र संस्कारों की साक्षिणीय है| गंगा के तट पर स्नान के अतिरिक्त हमारी संस्कृति से जुड़ी हुई बहुत से सामाजिक अनुष्टान संपन्न कराये जाते है| सभी अनुष्ठानों के केन्द्र में गंगा की पवित्रता और उनके प्रति लोगों का आस्था झलकती है|

गंगा के अभाव में इस अनुष्ठानों के परिकल्पना ही संभव नहीं है| हमारे अनुष्ठानों का शुभारम्भ बाल्यावस्था में मुंडन संस्कारए युवा अवस्था में विवाह मृत्यु पर दाह संस्कार एवं मृत्योपरांत तर्पण तक चलती है| इन सभी अवस्थावों की साक्षी माँ गंगा है| गंगा के तट पर बच्चों का मुंडन

कराना अत्यंत श्रेयस्कर मानते है| बच्चों के आलावा बड़े भी कभी कभी गंगा तट पर मुंडन करवाते नज़र आते हैं|

विवाह के बाद नव दम्पति सर्वप्रथम माँ गंगा का आशीर्वाद लेने अपने परिजनों के साथ आते हैं और गंगा पूजन कर गाठ खोलने की रस्म निभाते हैं | लगन के दौरान बहुत से नव विवाहित जोड़े इस रस्म की अदायकी के लिए घाटों पर दिखाई पड़ते है| उत्तराँचल का महापर्व शूर्य षष्टि जिसको लोग मानस के भाषा में छट कहा जाता है, यहाँ गंगा के किनारे भी बहुत भव्य एवं विशाल पैमाने पर आयोजित किया जाता है| शाम से ही अस्थालाचलागामी भगवान् भास्कर को अर्ध देने केलिए वृति महिलाओं का जन सैलाब उमड़ पड़ता है|

काशी में तर्पण का मतलब तर जाना होता है यानी मोक्ष प्राप्ति जो की हमारे जीवन का परम उद्देश्य है|

सिन्धियाघाट

1

सिंधिया घाट

दत्तात्रेय घाट एवं संकटा घाट के बीच स्थित सिंधिया घाट का प्राचीन नाम वीरेश्वरघाट था| घाट पर वीरेश्वर या आत्मवीरेश्वर मंदिर भी है। जिसका निर्माण वीरेश्वर नाम के व्यक्ति ने 1302 ई. में कराया था। 1835 में ग्वालियर के महाराजा दौलतराव सिन्धिया की पत्नी बैजाबाई सिन्धिया ने घाट का पक्का निर्माण कराया इसके बाद से इसे सिन्धियाघाट कहा जाने लगा। 20वीं सदी ई. के पूर्वाद्ध में सिन्धिया राज परिवार द्वारा इसका जीर्णोद्वार कराया गया।

घाट तथा घाट की समीपवर्ती क्षेत्र में 6 प्रमुख मंदिर है। जिनमें चार शिव का जैसे वीरेश्वर, पर्वतेश्वर, वामदेश्वर एवं वशिष्ठेश्वर और एक विष्णु को वैकुण्ठ माधव मंदिर तथा एक दत्तात्रेय को समर्पित है।

घाट के सामने गंगा में हरिशचंद्र तीर्थ की स्थिति मानी जाती है| वर्तमान में घाट पक्काए स्वच्छए सुदृद एवं काशी के सर्वाधिक रमणीय घाटों में एक है| घाट एवं घाट के समीपवर्ती भागों में शैवए वैष्णव, कबीर, नानक एवं दादू आदि पंथों के साधू सन्यासी रहते है द्य मणिकर्णिका घाट पर शव दाह करने के पश्चात लोग यही सिंधिया घाट पर आकर विश्राम एवं स्नान करते है|

सिंधिया घाट के समीप हमें कई प्राचीन मंदिर जैसे आत्मा वीरेश्वर, गुरु बृहस्पति, बागला मुखी आदि देखने को मिलते है|

संकठा घाट

2

संकठा घाट

सिंधिया घाट एवं गंगामहल घाट के बीच स्थित संकठा का पक्का निर्माण 1825 ई. में पं. विश्वम्भर दयाल की पत्नी ने कराया था जिसका पुन निर्माण 1923 ई. में बड़ौदा के महाराजा सियाजी राव गायकवाड़ ने कराया।

घाट के समीपवर्ती क्षेत्र में स्थित संकठादेवी के प्रसिद्ध मंदिर के कारण ही घाट का नाम पड़ा। घाट पर संकठादेवी मंदिर के अतिरिक्त यमेश्वर तथा यमादित्य मंदिर है। प्रत्येक शुक्रवार, यम द्वितीया तथा चैत्र एवं आश्विन माह के नवरात्र के छठे दिन घाट पर स्नान और संकठादेवी के दर्शन पूजन का माहात्मय होने से घाट पर स्नानार्थियों की विशेष भीड़ होती है।

काशी के अत्यन्त प्राचीन मुहल्ले में स्थित संकठा देवी मंदिर स्थानीय एवं समस्त धार्मिक तथा सांस्कृतिक रूचि के पर्यटकों व तीर्थ यात्रियों के लिए एक अगाध श्रद्धा का केन्द्र है। बाहर से आये तीर्थयात्री गंगा स्नान के बाद मां संकठा का दर्शन पूजन अवश्य करते है। संकठा घाट अत्यन्त प्राचीन एवं पक्का घाट है।

घाट से गली तक सीढ़ियां है जो प्राचीन मन्दिर एवं मुहल्ले से घाट को

जोड़ती है। वैसे तो शुक्रवार की यहां पांव रखने की जगह नहीं होती और संकठा मंदिर में भी भक्तों की लम्बी लाइन होती है किन्तु अन्य दिन भी दिन भर मंदिर व घाट स्थानीय लोगों व सैलानियों से गुलजार रहते है।

दीवाली के बाद पड़ने वाले यम द्विवतीया के दिन यहां काफी भीड़ होती है, जबकि आश्विन माह में नवरात्रि षष्ठी को यहां स्नानार्थियों की बहुतायत होती है। ऐसी मान्यता है कि यम द्विवतीया को पूजन अर्चन से भाई दीर्घायु होते है। इस प्रकार बनारस के घाटों की श्रृंखला में संकठा धार्मिक एवं सांस्कृतिक दृष्टि से अत्यन्त महत्वपूर्ण है।

गंगामहल घाट (द्विवतीय)

3

गंगामहल घाट (द्विवतीय)

संकठा घाट एवं भोसले घाट पर स्थित गंगामहल घाट (द्विवतीय) 1864 ई. के पूर्व तक संकठा घाट का ही एक भाग था। 1964 ई. में ग्वालियर के महाराजा जियाजी राव सिन्धिया ने संकठाघाट के उत्तरी भाग को क्रय कर गंगातट पर विशाल भव्य महल तथा पक्का घाट बनवाया। गंगा तट पर महल के निर्माण के कारण इसे और घाट का गंगामहल घाट कहा गया है।

यहां रामनवमी कृष्ण जन्माष्टमी, गणेश, चतुर्थी, शिवरात्रि आदि पर्वा पर धार्मिक प्रवचन कीर्तन नृत्य संगीत, कृष्णलीला एवं ब्राह्मणों को भोजन वस्त्रदान दक्षिणा की जीवन्त परम्परा देखी जा सकती है। महल के परिसर में राधा कृष्ण का भव्य मंदिर है।

गंगामहल का वास्तु सौन्दर्य देखते ही बनता है। महल के दोनों ओर विशाल नक्काशी द्वार स्तम्भ हैं जो न केवल महल की गंगा के तीव्र प्रवाह से रक्षा करते हैं बल्कि घाट का सौन्दर्य भी बढ़ाते है यहां दिन भर साधु संतों व विदेशी सैलानियों का जमावड़ा रहता है। घाट पर भव्य महल के अतिरिक्त भगवान शिव का मन्दिर भी है। महल के भीतर

स्थित राधा कृष्ण का मन्दिर मध्यकालीन वास्तु शैली का अद्भुत उदाहरण है।

महल में प्रयुक्त पत्थरों पर उकेरी नक्काशी इसे बरबस ही देखने को आकृष्ट करती है। घाट से होकर गली तक को पक्की सीढ़ियां है। नित्य प्रति होने वाले सांस्कृतिक आयोजनों के कारण् यह घाट चिन्मय है, जीवन्त है और काशी के घाटों में अपना प्रभुत्व बनाये हुए है।

भोसला घाट

4

भोसला घाट

गंगामहल घाट- द्वितीय एवं गणेश घाट के बीच स्थित भोसले घाट पर स्थित विशाल महल का निर्माण 1795 ई0. में नागपूर के भोसला महाराजा ने कराया था। भौंसला घाट का प्राचीन नाम नागेश्वर घाट था। घाट स्थित महल के मध्य लक्ष्मी नारायण एवं रघुराजेश्वर (शिव) मंदिर है। घाट का जीर्णोद्वार 1965 ई. में राज्य सरकार द्वारा कराया गया है। घाट स्थित महल दुर्ग के समान है जिसके उपरी भाग में स्तम्भों पर आधारित बरामदा है।

प्राचीन काल में यह घाट नागेश्वर घाट के नाम से जाना जाता था। घाट का नाम नागेश्वर नाम होने का दो कारण है। एक भौंसले घाट पर बना कलात्मक महल के ऊपर दो मन्दिर है उसमें एक मंदिर में नाग की सुन्दर गुम्फिन कुण्डलियों वाली मूर्ति हैं और दूसरा कारण यह भी हो सकता है, इस घाट के उत्तर भाग के समीवर्ती भवन में नागेश्वर का मन्दिर है जिसका उल्लेख ज्योतिर्लिंगों के अन्तर्गत हुआ है।

घाट एवं घाट पर स्थित विशाल महल का निर्माण 1795 में नागपुर महाराष्ट्र के भौंसले महाराजा ने कराया था। जिसके बाद से इसे भौंसला घाट कहा जाने लगा। घाट स्थित महल के मध्य लक्ष्मी नारायण एवं रघुराजेश्वर शिव मंदिर है। घाट स्थित महल दुर्ग के समान है, जिसके

ऊपरी भाग में स्तम्भों पर आधारित बरामदा है।

महल में प्रवेश के लिए गंगातट की और प्रवेश द्वार व सोपान है। यहाँ की महल एवं महल स्थित कलात्मक मंदिरों और उनकी अपूर्व शिल्प संयाजना आज भी मनमोहित है। महल के ऊपर बनी लक्ष्मी नारायण मंदिर के दीवार में हस्तकला, चित्र रचना पत्थरों पर बनी कलात्मकता किसी को भी मन्त्रमुग्ध करने वाला है।

घाट पर मुख्यतः स्थानीय लोग ही स्नान करते हैं। घाट के समीपवर्ती भाग में गुजरात एवं महाराष्ट्र के लोग का बाहुल्य है। इसलिये यहाँ के रहन सहन में एक और बनारसी पक्ष और दूसरी ओर महाराष्ट्र के संस्कार का भी अदभूत समन्वय देखा जा सकता है।

कला, चरित्र, पुरातत्व आदि विषयों पर शोध करने वालों के लिये यह घाट अत्यन्त महत्वपूर्ण है।

अगनीश्वर घाट

5

अगनीश्वर घाट

भोसले घाट एवं गणेश घाट के बीच स्थित अग्निश्वर घाट की अपनी एक अलग मान्यता है द्य 19वीं सदी ई. में गणेश घाट का निर्माण होने से यह अग्नीश्वर और गणेश घाटों में बंट गया| घाट के सामने गंगा में अग्नीतीर्थ था| घाट के समीप अग्नीश्वर (शिव) मंदिर के कारण ही इसे अग्नीश्वर कहा जाता है, घाट के धार्मिक महत्व का उल्लेख लिंगपुराण में मिलता है जिसमें काशी की अष्टायन शिव यात्रा करने वालों को सर्वप्रथम इसी घाट पर स्नान एवं अग्नीश्वर के दर्शन करने का वर्णन है।

काशी का प्राचीन एवं प्रमुख घाट होते हुए भी 1965 ई के पूर्व यह घाट कच्चा रहा बाद में उत्तर प्रदेश सरकार द्वारा इस घाट को पक्का कराया|

पौराणिक मान्यतावों के अनुसार एक ब्राह्मण परिवार के इकलौता बेटा जिनका नाम गृहपति था जो अच्छे संस्कारों से एवं कई विद्याओं में निपुर थे|

एक बार नारद ऋषि का उनके परिवार में आगमन होता है ओर भविष्य में 12 साल के उम्र में उस बच्चे का अग्नि से बड़ा हानि होने की भविष्वाणी सुनते है| इससे बचने केलिए ग्रहपति काशी में इस घाट के किनारे मृत्युंजय रूप में शिवलिंग की पूजा करते हैं और 12 साल के उम्र

में शिव एवं इन्द्र प्रत्यक्ष होकर उनके अग्नि से होने वाली विपत्थी से बचा लेते हैं| तब से उस शिवलिंग को अग्निश्वर महादेव के नाम से लोग पूजा अर्चना करने लगे ओर या घाट अग्निश्वर घाट के नाम से प्रख्यात हुआ|

आज अग्निश्वर घाट पर एक विशाल गेस्ट हाउस बही हुई है जो देखने में पुराने ज़माने की महल के सामान है| अग्निश्वर मंदिर इस गेस्ट हाउस के पीछे स्थित है, वहां जाने केलिए अग्निश्वर घाट के दायें एवं बाएं तरफ से सीढियां बनी हुई है|

गणेश घाट

6

गणेश घाट

अग्निश्वर घाट एवं मेहता घाट के बीच स्थित है गणेश घाट| 1807 ई. में पूना के अमृतराव पेशवा ने अग्नीश्वर घाट के उत्तरी भाग का पक्का निर्माण कराया तथा घाट स्थित अमृत विनायक गणेश मंदिर एवं भवन भी बनवाया। 19 वीं सदी के पूर्व तक गणेश घाट अग्निश्वर घाट का ही एक भाग था|

घाट स्थित अमृत विनायक मंदिर के कारण ही घाट का नाम गणेश घाट हुआ। घाट पर भाद्र महीने के शुक्ल चतुर्थी को स्नान का मेला लगता है। इस अवसर पर लोग स्नान करने के पश्चात अमृत विनायक का दर्शन पूजन करते है। हरे एवं पीले रंगों से बने अनेकों स्तंभों के कारण मंदिर का प्रांगन अत्यंत सुंदर लगता है|

राजमहलों के भाँती यहाँ पर भी नक्काशी किया हुआ कई छोटे छोटे मंडप देखने को मिलते हैं| यहाँ पर भी साधु सन्यासी या सैलानियों की रहने व्यवस्ता है| भले ही गणेश घाट गणेश मंदिर से प्रसिद्ध है, मगर गंगातट से नावों में बैठ के देखने पर किसी राजमहल के भाँती नज़र आते है|

पर्व पर घार्मिक प्रवचन कीर्तन तथा संगीत का आयोजन और ब्राह्मणों एवं गरीबों को अन्न वस्त्र दान दिया जाता है| इस घाट पर स्थित मंदिर मनोहारी शिल्पकारी देखने को मिलती है और यहाँ की इमारतें रहने योग्य बनी है जिसमें लोग रहकर यहाँ प्रस्तुत होने वाले कार्यक्रमों का आनंद लेते है|

मेहता घाट

7

मेहता घाट

गणेश घाट एवं राज घाट के बीच स्थित यह घाट मेहता घाट के नाम से प्रसिद्ध है| 1960 ई. में कलकत्ता निवासी बल्लभराव सालि राम मेहता ने घाट की भूमि खरीद कर घाट एवं घाट के उपरी भाग में चिकित्सालय का निर्माण कराया, फलतः इसका नाम मेहता घाट पड़ा।

प्राचीन काल में यह घाट राम घाट का ही एक भाग था| मीर घाट के बाद यह दूसरा घाट है जिसका निर्माण ईंटों एवं सीमेंट से किया गया है| इस घाट का कोई विशेष धार्मिक महत्व नहीं है, किन्तु घाट पर स्थित आस्पताल एवं प्रसिद्ध सान्गवेद संस्कृत विद्यालय के कारण, वैदिक शिक्षा एवं उपचार केलिए यह घाट प्रसिद्ध है|

मेहता आस्पताल का लोलार्पण भारत के तत्कालीन प्रधानमंत्री श्रीमती इंदिरा गांधी के द्वारा हुआ था| यह आस्पताल उस समय का आधुनिक चिकित्सा सुविधावों से युक्त आस्पतालों में शुमार था| फिलहाल आस्पताल बंद है, आने वाले सालों में नए सिरे से शुरू होने की संभावना है|

रामघाट

8

रामघाट

मेहता घाट एवं जटार घाट के बीच राम घाट का राम मंदिर का निर्माण जयपुर के राजा सवाई जयसिंह ने कराया था। राम घाट के सामने गंगा में राम तीर्थ तथा घाट पर राम पंचायत मंदिर है। जिसके कारण इसका नाम रामघाट हुआ। घाट स्थित मंदिरों में राम मंदिर के अतिरिक्त काल विनायक का मंदिर मुख्य है। चैत्र माह के राम नवनी पर्व पर घाट पर स्नान का मेला होता है। जिसमें स्नान के पश्चात् राम मंदिर में दर्शन पूजन करने की परम्परा है।

बलूआ पत्थर से बनी घाट की सीढ़ियां स्वच्छ एवं सुन्दर है घाट से मुहल्ले तक जाने के लिए सीढ़ियां है| घाट पर एक बड़ा अस्पताल है जो रात दिन स्थानीय लोगों एवं सैलानियों की चिकित्सा सुविधा प्रदान करता है|

काल विनायक मंदिर में दर्शन का अपना अलग ही महत्व है| ऐसी मान्यता है कि काल विनायक का दर्शन करने से मनुष्य अनेक प्रकार की विपत्तियों से बच जाता है। राम तीर्थ में स्नान कर मनुष्य के जन्म जन्मांतर के सभी पाप नष्ट होते है। इस प्रकार धार्मिक एवं सांस्कृतिक महत्व की दृष्टि से रामघट अत्मन्त महत्वपूर्ण है।

राम घाट पर बने विशाल भवन अपने अदभुत शिल्प के कारण बरबस ही राहगीरों को मुग्ध करते हैं। राम घाट पर स्थित अनेक भवनो में काशी प्रवास पर आये तीर्थ यात्रियों, साधुओं आदि के रहने की समुचित व्यवस्था है। काशी के प्रचीन घाटो में राम घाट का अपना अलग स्थान है।

जटार घाट

९

जटार घाट

रामघाट एवं ग्वालियर घाट के बीच स्थित जटार घाट का निर्माण 19वीं सदी ई के मध्य ग्वालियर के राजा जियाजी राव सिन्दे के दीवान बालाजी चिमणाजी जटार ने कराया था। फलतः घाट का नाम जटारघाट पड़ा। घाट पर इन्ही द्वारा बनवाया विशाल बहुमंजिला भवन भी है। जिसके एक भाग लक्ष्मी नारायण का कलात्मक मंदिर है। मंदिर पर रंगीन कांच के टुकड़ों का मनोहारी जड़ाऊ अलंकरण है। इसी कारण इसे जड़ाऊ मंदिर भी कहते है| भवन के अंदर रंगीन कांच के बने भव्य एवं महत्वपूर्ण बालाजी चिमणाजी जटार एवं जियाजी राव शिंदे के लेख के साथ साथ चित्र भी बने है|

यहाँ के महल के बनावट अन्य घाटों से एकदम अलग है| त्रिकोण आकार में कई भवन एक साथ जुड़ा हुआ देखे जा सकते है|

प्राचीन काल में यहाँ बहुत भीड़ हुआ करती थी और अक्सर लोगों का सामान चोरी होता था| चोरी होने की कहानी इतनी प्रसिद्ध होगई की इस घाट को चोर घाट के नाम से भी जानी जाने लगा|

वर्तमान में यह घाट पक्का, स्वच्छ एवं सुदृढ है| घाट पर स्थानीय लोग स्नान करते है| घाट पर स्थित लक्ष्मी नारायण मंदिर अत्यंत जीर्ण

अवस्था में है||

घाट के समीपवर्ती भाग में महाराष्ट्रियन एवं गुजराती लोगों का बाहुल्य है|

यहाँ पर कोई धार्मिक आयोजन नहीं होता मगर घाट किनारे विस्तृत स्वच्छ जगह बना हुआ है जहाँ बैठकर गंगाजी के अभिराम द्रिश्य का आनंद ले सकते है|

ग्वालियर घाट

10

ग्वालियर घाट

जटार घाट एवं मंगला गौरी घाट के बीच ग्वालियर घाट स्थित है। घाट एवं घाट स्थित विशाल भवन का निर्माण 19वीं सदी ई. के मध्य ग्वालियर के महाराज जियाजी राव शिन्दे ने कराया था। ग्वालियर के महाराजा द्वारा घाट का निर्माण कराने के कारण ही इस घाट को ग्वालियर घाट कहा गया।

घाट स्थित भवन में शिव को समर्पित तीन छोटे-छोटे मंदिर है। घाट के उत्तरी भाग में गंगा तट से गली तक पक्की सीढियां है। घाट का धार्मिक या सांस्कृतिक द्रिष्टि से कम महत्व है किन्तु घाट पर स्वच्छता होने के कारण स्तानीय लोग यहाँ स्नान करते है। यहाँ की इमारतें ग्वालियर घराने की इमारतें को दर्शाती है।

दीवारों में बने विभिन्न देवी देवताओं की मूर्तियाँ और बीच में शिवलिंग दर्शन योग्य है।

इस घाट पर ऊंचे ऊंचे बांस से छोटी बड़ी लकड़ी की टोकरियां लटकी हुई दिखाई देती है जिनका संबध शहीद हुए लोगों की आत्मा को शान्ति प्रदान कराने से होता है। यह घाट अपने महल रुपी इमारत केलिए प्रसिद्ध है।

|| इस पुस्तक को तैयार करने में सहयोग देने वाले हर एक व्यक्ति को दिल से मेरा प्रणाम ||

विशेष धन्यवाद

डॉ. हरी शंकर जी
लेखक
(काशी के घाट - कलात्मक एवं सांस्कृतिक अध्ययन)

वाराणसी प्रशासन

स्थानीय लोग

संपर्क सूत्र

9839093003

myrichindia@gmail.com

facebook.com/drjagadeeshpillaiofficial

youtube.com/drjagadeeshpillai

|| लोकाः समस्ताः सुखिनो भवन्तु ||